Holz macht süchtig!

Es gibt Materialien, die nie ihre Faszination verlieren werden, ganz unabhängig von der jeweiligen Zeit und ihren Modeerscheinungen. Eines dieser Materialien ist ganz sicher Holz. Wenn dieses Holz dann auch noch so leicht zu bearbeiten ist wie das dünne Sperrholz, geraten sogar weniger geübte Handwerker ins Schwärmen.

Was kann man nicht alles an nützlichen und dekorativen Gegenständen aus diesem Naturmaterial fertigen: eine Kuh, die Rezepte festhält und gleichzeitig Haken für Geschirrtücher hat, einen Elefanten, der Platz für Stifte oder die noch zu erledigende Post bietet, Vögel, die alle Termine der Woche garantiert „fest im Griff" haben, oder einen Geparden, der das liebste Foto einrahmt und vieles mehr.

Ich hoffe sehr, dass Sie ebenfalls so viel Spaß mit den Holzarbeiten haben werden wie ich.

Ihr Holzwurm

Ingrid Moras

Material & Werkzeug

Holz und Holzleim

Alle Beispiele in diesem Buch werden aus Sperrholz in der Stärke von 4 bis 10 mm gesägt. Pappelsperrholz mit seiner glatten, weichen Oberfläche splittert beim Sägen kaum. Die Vorderseite ist meist völlig fehlerfrei. Sperrholz wird in verschiedenen Größen angeboten. Das Ausmaß von 31 x 42 cm ist für alle Motive im Buch ausreichend. Bei einigen Beispielen werden zusätzlich Rundstäbe, Vierkantleisten und Dreischichtplatten benötigt. Zum Verbinden von Holzlagen einen Holzleim, z. B. UHU coll, verwenden.

Laubsäge oder Dekupiersäge

Wenn Sie mit einer Laubsäge-Grundausstattung arbeiten wollen, benötigen Sie einen Laubsägebogen, dünne Laubsägeblätter für Holz und ein Sägetischchen mit Schraubklemme. Wenn Sie viel mit Holz arbeiten, lohnt sich die Anschaffung einer Dekupiersäge, die das Sägen zum Kinderspiel macht. Es gibt elektrische Sägen in verschiedenen Ausführungen und Preislagen. Lassen Sie sich in Fachgeschäften beraten, damit Sie je nach Ihren Bedürfnissen und finanziellen Möglichkeiten das richtige Gerät auswählen. Für die Dekupiersäge benötigen Sie je nach Modell Laubsäge oder feine Stiftsägeblätter (z. B. 135 x 2 x 0,25 mm) für Holz.

Tipp

Achten Sie darauf, dass die Sägezahnspitzen immer nach unten zeigen und das Sägeblatt gespannt ist. Mit feinen Sägeblättern gelingen Rundungen leicht und sauber.

Farben

Zur Bemalung eignen sich sehr gut Acryl-Mattfarben (z. B. von C. Kreul), die wasserverdünnbar und nach dem Trocknen wasserfest sind.

Wichtige Materialien und Hilfsmittel

Transparentpapier, ein weicher und harter Bleistift, Schmirgelschwamm, feines Schmirgelpapier (Körnung 180 und feiner), ein Tuch, Schraubzwingen, runde, spitze Pinsel (Größe 2), flache Pinsel (Größe 10), ein Wasserglas und Schraubhaken werden immer benötigt und deshalb in der Materialliste nicht eigens aufgeführt, ebenso wie die Bohrer in verschiedenen Größen und eine Kleinbohrmaschine für Löcher.

So gehts

Übertragen der Vorlage
Die Vorlage auf Transparentpapier übertragen und auf der Rückseite mit einem weichen Bleistift nachfahren. Das Papier mit den Bleistiftspuren auf das Holz legen, mit einem harten Bleistift die Linien nachfahren.

Das Aussägen der Motivteile
Den Laubsägebogen mit sanftem Druck auf und ab bewegen, bzw. das Holz ganz leicht gegen das Sägeblatt der Dekupiersäge drücken. Immer gilt: Bei Kurvenschnitten nie die Säge drehen, sondern das Holz in die gewünschte Richtung schieben. Bei Zacken am besten zuerst von Spitze zu Spitze sägen, anschließend in zwei Schnitten den Zacken herausschneiden. Beim Zurückziehen des Sägeblattes durch den ersten Schnitt muss das Sägeblatt in Bewegung sein und das Holz immer so gedreht werden, dass das Sägeblatt nicht verbogen wird.

Innenausschnitte sägen
Dazu in die Mitte des auszuschneidenden Motivs ein Loch bohren, das ausgespannte Sägeblatt durch das Loch schieben und mit den Sägezähnen nach unten wieder einspannen. Das Motiv an den Umrissen entlang aussägen, das Sägeblatt wieder lösen, herausziehen und zum Weiterarbeiten wieder neu einspannen.

Die Schleifarbeit
Mit Schmirgelpapier alle Flächen in Richtung der Maserung glätten. Für das Rundschleifen der Kanten eignet sich besonders gut ein feiner Schmirgelschwamm, der immer von innen nach außen geführt werden muss. Ist der Schwamm abgerieben, einfach Schmirgelpapier herumlegen.

Das Leimen
Mit einem trockenen Tuch die Teile staubfrei wischen. Den wasserfesten Holzleim dünn über die gesamte, auf ein anderes Motivteil auftreffende Fläche verstreichen. Die Holzteile mit Schraubzwingen zusammenpressen; dabei dünnes Holz oder dicke Pappe oben und unten dazwischenlegen, um Abdrücke zu vermeiden. Heraustretenden Leim sofort mit einem feuchten Tuch wegwischen.

Nützliche Vögel

Material

Wochenplaner

- Sperrholz, 4 + 8 mm
- 2 Vierkant-Leisten, 1,5 cm x 45 cm
- Zahnstocher
- Holzwäscheklammern, 2,5 cm, in Orange, Rot, Gelb
- Chenille-Draht in Rot
- Acrylfarben in Maigrün, Türkis, Zitronengelb, Weiß, Schwarz, Kobaltblau
- Vielzweckschnur in Grün
- Transparent-Nähfaden
- Holzleim

Langbeinige Vögel

- Sperrholz, 8 mm
- Acrylfarben in Maigrün, Türkis, Zitronengelb, Weiß, Schwarz, Kobaltblau
- Messing-Rundrohr, 2 mm Ø
- Dreischichtplatte, 12 mm
- Holzleim

Vorlagen

A1 - A2

Anleitung Seite 8

Wochenende
Pia's Katze füttern

Igel-Pinnwand

Material

- Sperrholz, 4 mm
- Korkscheibe, 25,5 cm Ø
- Acrylfarben in Goldgelb, Ocker, Dunkelbraun, Schwarz, Weiß
- Pinnwand-Nadeln
- Kraftkleber
- Transparent-Nähfaden

Vorlage B

Den Igel sowie zwei Füße aussägen, schmirgeln und mit Acrylfarben bemalen. Die Korkscheibe aufkleben und die Füße auf dem Kork fixieren.

Wochenplaner

Abbildung & Materialangaben Seite 6/7

1 Die Vögel und alle Details aussägen, schmirgeln und aufeinander leimen. Alles mit verdünnten Farben bemalen. Anschließend die Augen mit unverdünnten Farben aufmalen.

2 Löcher für die Beine bohren (2 mm Ø). Je einen 20 cm langen Chenilledraht durch die Löcher nach vorne und durch den Metallring der Wäscheklammern ziehen. Das Drahtende zweimal um das Bein wickeln, den Überstand abschneiden.

3 Zwei Vierkantleisten bemalen, die Vögel aufleimen. Die Leisten 1,5 cm vom Ende entfernt durchbohren und mit einer Vielzweckschnur verbinden.

4 Die Sonne aus 8-mm-Holz aussägen, Löcher bohren (2 mm Ø) und Zahnstocher einleimen. Die Sonne bemalen und mit Nähfaden anbinden.

Langbeinige Vögel

Abbildung & Materialangaben Seite 6/7

Die Vögel aussägen, schmirgeln und wie oben beschrieben anmalen. Flügel aufleimen. Die Löcher für die Beine mit einem 2-mm-Bohrer von unten bohren. Die Bodenplatte aus 12-mm-Holz aussägen. Löcher für die Beine vorbohren. Je zwei 15 cm und 25 cm lange Rundrohre als Beine einkleben.

Samstag Flohmarkt!
17 Uhr Sport
Post nicht vergessen!

Blumentopfbewohner

Material

Sorgenscheuche

- Sperrholz, 4 mm
- kleine Holzmaus in Weiß
- Papierkordel in Gelb
- Stieldraht, 1,2 mm Ø
- Baumwollgarn
- Acrylfarben in Zitronengelb, Orange, Karmin, Ocker, Weiß, Schwarz, Maigrün, Hellgrün
- Holzleim
- Kraftkleber

Schnecke

- Sperrholz, 4 mm
- Stieldraht, 1,2 mm Ø
- Acrylfarben in Zitronengelb, Maigrün, Hellgrün, Kobaltblau, Orange, Weiß, Schwarz
- Kraftkleber

Vorlagen

C1 - C2

Sorgenscheuche

1 Die Figur und den aufgesetzten Hutrand aussägen und nach dem Schmirgeln aufeinander leimen. Nach Wunsch zwei Herzen aussägen. Alles mit Acrylfarben bemalen.

2 Die Herzen durchbohren und mit Garn um den Hals binden. Die Holzmaus aufkleben. Für den Stieldraht und die „Hände" aus Papierkordel Löcher bohren (1,2 mm Ø); alles in die Löcher einkleben. Die Papierkordel auffächern und einschneiden.

Schnecke

Die Schnecke aussägen und mit Acrylfarben bemalen.
Am Ende der Schnecke ein Loch für den Stieldraht bohren (1,2 mm Ø) und den Draht einkleben.

Tiere mit Punkten

Material

Bilderrahmen

- Sperrholz, 4 + 8 mm
- Acrylfarben in Zitronengelb, Orange, Weiß, Schwarz, Karmin
- Holzleim

Marienkäfer

- Sperrholz, 10 mm
- Golddraht, 0,6 mm Ø
- Acrylfarben in Zitronengelb, Karmin, Schwarz, Weiß, Orange
- Holzleim
- Kraftkleber

Vorlagen
D1 - D2

Bilderrahmen

1 Den Rahmen mit dem Geparden aus 8-mm-Holz sägen. Den Innenausschnitt, wie auf Seite 5 beschrieben, aussägen und die Kanten glätten. Die aufgesetzten Beine und den unteren Geparden-Kopf aus 4-mm-Holz sägen und aufleimen.

2 Alles mit Acrylfarben bemalen. Auf der Rückseite schmale 4-mm-Holz-Streifen als Rahmen für das Foto aufleimen.

Marienkäfer

Den Körper und Kopf aussägen und glatt schmirgeln. Zwei Löcher für die Fühler aus Golddraht bohren (0,6 mm Ø) und den Draht mit Kraftkleber befestigen. Die Kantenhocker mit Acrylfarben bemalen.

Pippi Langstrumpf
Astrid Lindgren
Lofting

Elefanten

Blumenstecker

1 Die Elefanten aus 8-mm-Holz, die aufgesetzten Ohren aus 4-mm-Holz sägen, aufeinander leimen und bemalen.

2 Ein Loch für den Schwanz bohren und den Schwanz aus Papierkordel einkleben. Für das Messing-Rundrohr jeweils ein Loch bohren. Das Rohr in der Bohrung fixieren.

Zettelhalter

1 Den Elefanten, das Ohr und den Stoßzahn je zweimal aus dem Sperrholz aussägen. Die ovale Bodenplatte aus einem 2 cm starken Holz fertigen. Die Kanten mit Schmirgelpapier glätten.

2 Ohren und Stoßzähne an die Außenseiten der Elefanten leimen. Dann die Elefanten mit Holzleim an die Längsseiten der Bodenplatte kleben. Alles mit Acrylfarbe bemalen.

3 Am Kopf nach Wunsch eine kleine Feder fixieren. Am hinteren Ende jeweils ein Loch für den Schwanz bohren. Abschnitte eines dünnen Baumwollgarnes hindurchziehen; jeweils einen Zopf flechten und mit einem Knoten beenden. Beide Zöpfe miteinander verknoten.

Material

Blumenstecker

- Sperrholz, 4 + 8 mm
- Papierkordel in Weiß
- Messing-Rundrohr, 2 mm Ø, 2 x 50 cm
- Acrylfarben in Bayrischblau, Kobaltblau, Weiß, Schwarz, Altrosa
- Holzleim
- Kraftkleber

Zettelhalter

- Sperrholz, 4 mm
- Federn in Blau
- Dreischicht-Platte, 2 cm
- Baumwollgarn in Hellblau
- Acrylfarben in Bayrischblau, Kobaltblau, Altrosa, Weiß, Schwarz, Hellgrün
- Holzleim
- Kraftkleber

Vorlagen
E1 - E2

Alltagshilfen

Material

Frosch

- Sperrholz, 4 mm
- Tafel-Folie, 30 x 20 cm, selbstklebend
- Tafelkreide
- grüne Vielzweckschnur
- Acrylfarben in Maigrün, Hellgrün, Schwarz, Weiß
- Holzleim

VW-Käfer

- Sperrholz, 10 mm
- 4 Messing-Schraubhaken, 30 mm
- Acrylfarben in Karmin, Türkis, Weiß, Schwarz, Silber, Rosé, Kobaltblau, Maigrün
- Holzleim

Krokodil

- Sperrholz, 4 mm
- Holzleiste, 4 x 1 cm
- Acrylfarben in Hellgrün, Weiß, Schwarz, Zitronengelb
- Holzleim

Vorlagen

F1 - F3

Frosch

Den Frosch sowie zwei „Hände" aussägen. Nach dem Schmirgeln alles mit Acrylfarbe bemalen. Die Bauchfläche aus Tafel-Folie ausschneiden und aufkleben. Die „Hände" links oben und rechts unten aufleimen. Kreide mit einer Schnur am Finger anbinden.

VW-Käfer

1 Das Auto und die beiden aufgesetzten Kotflügel aussägen und aufeinander leimen. Das Auto mit Acrylfarben bemalen; die Fensterflächen mit stark verdünntem Türkis andeuten.

2 Für die Messinghaken Löcher vorbohren; der Durchmesser des Bohrers muss kleiner als der des Hakens sein.

Krokodil

1 Das Krokodil zweimal, das Schwanzende einmal aussägen und die Kanten glätten. Die Schwanzspitze aufleimen. Alles mit Acrylfarbe bemalen.

2 Von einer Holzleiste fünf Abschnitte absägen: 15 cm, 5,5 cm, 2 x 7 cm, 5 cm. Die Leistenstücke als Abstandhalter jeweils mit den Schmalseiten zwischen beiden Lagen des Krokodils festleimen (siehe Vorlage).

Komme gleich wieder...

Tischdeko-Tiere

Material

Schmetterlinge

- Sperrholz, 4 mm
- Golddraht, 0,6 mm Ø
- Acrylfarben in Türkis, Lemon, Schwarz, Weiß, Gold
- Reagenzglas, 30 mm Ø
- Holzleim
- Kraftkleber

Schildkröte

- Sperrholz, 4 + 8 mm
- Acrylfarben in Weiß, Schwarz, Goldgelb, Ocker, Orange, Zitronengelb, Maigrün, Hellgrün
- Holzleim

Vorlagen
G1 - G2

Schmetterlinge

1 Zuerst die Umrisse, dann die Innenkreise aussägen (Anleitung siehe Seite 5). Alles schmirgeln.

2 Die Schmetterlinge mit Acrylfarben bemalen. Zunächst mit verdünnten Farben grundieren. Dann mit Schwarz die Ränder und das Gesicht aufmalen.

3 Die Fühler aus Golddraht formen, Löcher bohren (0,6 mm Ø) und die Fühler mit Kraftkleber befestigen.

Tipp

Mit einem Reagenzglas als Blumenvase kann der Schmetterling auch schräg auf den Tisch gestellt werden.

Schildkröte

1 Den Körper und vier Zwischenlagen aus 8-mm-Holz, die sechs Teile für den Panzer und die Bodenplatte mit Füßen aus 4-mm-Holz aussägen und die Kanten glätten. Mit verdünnten Acrylfarben bemalen.

2 Die Teile des Panzers jeweils mit einer Zwischenlage aufeinander leimen. Dabei den Körper in der Mitte platzieren. Zuletzt die Schildkröte auf die Bodenplatte leimen.

Lustige Spiegel

Material

Kantenhocker

- Sperrholz, 10 mm
- Acrylfarben in Schwarz, Weiß, Orange, Karmin, Lemon
- Flauschfedern in Grau, Schwarz
- Holzleim

Spiegelgeist

- Sperrholz, 4 mm
- Golddraht, 0,6 mm Ø
- Holzkugeln in Blau, 1,5 cm Ø
- Spiegelfliese, 15 x 15 cm
- Transparent-Nähfaden
- Acrylfarben in Rosé, Schwarz, Weiß, Türkis, Ultramarinblau, Hellgrün, Zitronengelb
- Doppel-Klebeband
- Kraftkleber

Entchen

- Sperrholz, 4 mm
- Federn in Hellgrün
- Spiegelfliese, 15 x 15 cm
- Acrylfarben in Zitronengelb, Maigrün, Orange, Schwarz, Weiß, Hellgrün
- Doppel-Klebeband
- Kraftkleber

Vorlagen
H1 - H3

Kantenhocker

Den Körper und den Kopf aussägen und aufeinander leimen. Mit Acrylfarben bemalen. Drei Löcher für die Schwanzfedern bohren. Die Federn mit dem Kiel einkleben.

Spiegelgeist

1 Die Grundplatte mit Kopf und Beinen sowie die beiden Hände aussägen. Die Spiegelfliese mit einem beidseitig klebenden Band befestigen.

2 Alles mit Acrylfarbe bemalen. Die Hände auf dem Spiegel mit Doppel-Klebeband fixieren. Drei Löcher (0,6 mm Ø) für die „Haare" aus Golddraht bohren, den Draht einkleben. Zwei Löcher in die Beine bohren und die Holzkugeln mit einem transparenten Faden an die Beine binden.

Entchen

1 Die Grundplatte mit Körper sowie den Kopf aussägen und mit Schmirgelpapier bearbeiten. Den Spiegel mit Klebeband auf der Grundplatte fixieren.

2 Alles mit Acrylfarben bemalen. Am Hinterkopf eine Feder fixieren, dann den Kopf am Spiegelrand mit Klebeband befestigen. Drei Löcher für die Schwanzfedern bohren (0,6 mm Ø) und die Federn einkleben.

Kerzen-Tiere

Glühwürmchen

1 Die Figur, die Bodenplatte, den Boden für die Kerze sowie vier kleine Stücke als Begrenzung des Kerzenlichtes fertigen. Aus der Bodenplatte ein Rechteck aussägen (Anleitung siehe Seite 5). Die Figur in der Bodenplatte mit Leim befestigen.

2 Die Begrenzungen für die Kerze auf den achteckigen Boden leimen, den Boden auf dem Rücken des Käfers befestigen. Alles mit Acrylfarbe bemalen.

Tipp

Wer sich die Arbeit mit dem Aussägen der Rechtecke in der Bodenplatte sparen will, kann die Figur ohne Fußverlängerung aussägen und aufleimen; dann zur Sicherheit mit zwei Stiftnägeln verbinden.

Katze

1 Die Katze und den äußeren Rand des Kerzenlichtes aus 8-mm-Holz, den Boden für das Kerzenlicht aus 4-mm-Holz sägen. Den Kopf anleimen, den äußeren Rand auf der Bodenplatte befestigen. Den vorderen Fuß in das ausgesägte Stück des Kerzenlichtes einleimen.

2 Alles mit Acrylfarben bemalen. Nach Wunsch Löcher in die Schnauze bohren (0,6 mm Ø) und Golddraht als Schnurrhaare mit Kraftkleber befestigen.

Material

Glühwürmchen

- Sperrholz, 8 mm
- Acrylfarben in Zitronengelb, Lemon, Maigrün, Orange, Weiß, Schwarz
- Holzleim

Katze

- Sperrholz, 4 + 8 mm
- Golddraht, 0,6 mm Ø
- Acrylfarben in Goldgelb, Orange, Weiß, Schwarz, Dunkelbraun, Hellgrün
- Holzleim
- Kraftkleber

Vorlagen
J1 - J2

Tierische Helfer

Material

Magnetentiere

- Sperrholz, 4 mm
- Golddraht, 0,6 mm Ø
- Scheibenmagnete, 1,3 cm Ø
- Acrylfarben in Weiß, Schwarz, Türkis, Rosé, Ocker, Karmin, Orange, Maigrün, Dunkelbraun
- Kraftkleber

Lustige Lesezeichen

- Sperrholz, 4 mm
- Bastelhölzer, 150 x 20 mm
- Stieldraht, 1,2 mm Ø
- Golddraht, 0,6 mm Ø
- Acrylfarben in Lemon, Türkis, Kobaltblau, Mintgrün, Violett, Weiß, Schwarz, Maigrün, Hellgrün, Karmin, Zitronengelb, Orange
- Holzleim
- Kraftkleber

Vorlagen
K1 - K10

Magnetentiere

1 Die Figuren aussägen, die Kanten glätten und mit Acrylfarben bemalen.

2 Für die Fühler des Schmetterlings und den Schwanz des Schweins Golddraht über einer Stricknadel zur Spirale drehen. Löcher (0,6 mm Ø) bohren und Fühler und Schwanz einkleben.

3 Mit einem kraftvollen Kleber auf der Rückseite der Figuren jeweils einen Magneten befestigen.

Lustige Lesezeichen

1 Die Einzelteile der Figuren aussägen, schmirgeln und mit Stieldraht verbinden; dazu Löcher bohren (1,2 mm Ø) und die Drahtstücke einkleben. Für die Fühler Löcher (0,6 mm Ø) bohren. Den Golddraht spiralförmig verdrehen und einkleben.

2 Je zwei Bastelhölzer etwas versetzt am oberen Ende aufeinander leimen. Die Figur aufleimen. Alles mit Acrylfarben bemalen.

Magnetic Memo Holder
15. Juli Mama Geburtstag
Lesen üben
-ESSEN MIT PIA
MONTAG TURNEN
Hugh Lofting
Dr. Dolittles Postamt
Hugh Lofting

Im Orient

Material

Bilderrahmen

- Sperrholz, 4 mm
- Acrylfarben in Ultramarinblau, Türkis, Gold
- Spiegel, 18,5 x 14,5 cm
- Holzleim

Utensilo

- Sperrholz, 4 mm
- Holzleiste, 4 x 1 cm
- Acrylfarben in Ultramarinblau, Mintgrün, Türkis, Violett, Gold, Schwarz
- Holzleim

Vorlagen
L1 - L2

Spiegel

1 Zuerst den Rahmen, dann das Blatt an den Umrissen entlang aussägen (Anleitung siehe Seite 5). Die Kanten glätten.

2 Für die Rückseite dünne Leisten als Rahmen für den Spiegel ausschneiden und aufleimen (siehe Vorlage).

3 Den Spiegel mit stark verdünntem Türkis grundieren. Nach dem Trocknen die Blätter und einzelne Felder mit unverdünnten Farben bemalen und die goldfarbenen Konturen aufzeichnen.

Utensilo „Orientalische Stadt“

1 Die Häuserfront und den Zwiebelturm zweimal aussägen und die Kanten schmirgeln. Die Zwiebeltürme auf die vorderen Seite leimen.

2 Von einer Holzleiste fünf Stücke abschneiden: 1 x 20 cm, 2 x 6,5 cm und 2 x 4,5 cm. Die Holzleisten zwischen den beiden Häuserfronten jeweils mit den Schmalseiten als Abstandhalter dazwischenleimen (siehe Vorlage).

3 Die Häuserreihe mit Acrylfarben bemalen. Die Fensterflächen mit Schwarz einfärben und mit Gold umrahmen. Die Innenflächen des Utensilos mit stark verdünntem Mintgrün bemalen.

Milch
&
Butter

Küchen-Kühe

Geschirrtuchhalter

1 Die Kuh und das aufgesetzte Maul aussägen und nach dem Schmirgeln aufeinander leimen. Die Figur mit Acrylfarben bemalen. Einen Scheibenmagneten mit einem kraftvollen Kleber auf dem Körper fixieren, der zweite Magnet hält die Zettel fest.

2 Vor dem Eindrehen der Schraubhaken Löcher bohren; der Durchmesser des Bohrers muss kleiner sein als der des Hakens.

Haushaltskasse

1 Den Kopf aussägen, glatt schmirgeln und an die untere Schachtelhälfte (Deckel öffnen!) leimen. Den Deckel hinter dem Kopf so abschleifen, dass er sich schließen lässt.

2 Vier 2,5 cm lange Stücke vom Rundstab abschneiden und an die Unterseite der Schachtel als Füße leimen. An der Deckelseite zwei Löcher bohren, je zwei Stücke aus Papierkordel einkleben und zum Schwanz flechten. Die Kuh mit Acrylfarben bemalen.

Material

Geschirrtuchhalter

- Sperrholz, 10 mm
- 2 Scheibenmagnete, 14 mm Ø
- Messing-Schraubhaken, 30 mm
- Acrylfarben in Weiß, Schwarz, Rosé, Altrosa, Gold
- Holzleim
- Kraftkleber

Haushaltskasse

- Rundstab, 30 mm Ø
- Holz-Truhe, 13 x 9 x 9 cm
- Papierkordel in Weiß
- Sperrholz, 10 mm
- Acrylfarben in Weiß, Schwarz, Rosé, Altrosa, Gold
- Holzleim
- Kraftkleber

Vorlagen
M1 - M2

Tolle Braunbären

Material

Kleiderhaken

- Sperrholz, 10 mm
- Messing Schraubhaken, 50 mm
- Acrylfarben in Dunkelbraun, Weiß, Schwarz, Karmin, Zitronengelb, Maigrün
- Holzleim

Namensschild

- Sperrholz, 10 mm
- Acrylfarben in Dunkelbraun, Weiß, Schwarz, Karmin, Zitronengelb, Maigrün, Moosgrün
- Holzleim

Vorlagen
N1 - N2

Kleiderhaken

1 Das Brett mit den Körpern sowie die Köpfe mit Armen aussägen und nach dem Schmirgeln aufeinander leimen.

2 Bären dunkelbraun bemalen. Dabei für die Köpfe und die Arme das Dunkelbraun stärker verdünnen als für die Körper. Das Brett mit verdünntem Maigrün grundieren, nach Wunsch Blüten mit unverdünnten Farben aufmalen.

3 Vor dem Einschrauben der Haken Löcher bohren. Der Durchmesser des Bohrers muss geringer sein als der des Hakens. Wer schwere Kleidungsstücke aufhängen will, sollte Aufhänger mit zwei Schrauben wählen.

Namensschild

Das Namensschild in der gleichen Weise wie die Kleiderhaken arbeiten. Gesichter, Blüten und Buchstaben mit unverdünnten Farben aufmalen.

JULIA

Impressum

© 2001
Christophorus Verlag GmbH
Freiburg im Breisgau

Printed in Germany
ISBN 3-419-56249-7

2. Auflage 2002

Lektorat:
Irmgard Böhler, Freiburg

Styling und Fotos:
eska

Titelfoto:
Andreas Gerhardt, Freiburg

Covergestaltung und Layoutentwurf:
Network!, München

Gesamtproduktion:
smp, Freiburg
Layout: Gisa Bonfig

Druck:
Freiburger Graphische Betriebe

Wir sind für Sie da, wenn Sie Fragen haben.
Und wir interessieren uns für Ihre eigenen Ideen und Anregungen.
Schreiben Sie uns, wir hören gern von Ihnen!
Ihr Christophorus-Team

Christophorus-Verlag GmbH
Hermann-Herder-Str. 4
79104 Freiburg
Tel.: 0761/ 27 17-0
Fax: 0761/ 27 17-3 52
e-mail:
info@christophorus-verlag.de

Profi-Tipp der Autorin

So gelingt das Bemalen der Tiere

Wenn die Acrylfarben bei der Grundierung mit Wasser verdünnt werden, bleibt die interessante Holzstruktur sichtbar. Für fließende Farbverläufe die Holzfläche vor dem Malen mit Wasser anfeuchten. Die verdünnten Farben aneinander setzen und die Farbansätze mehrmals mit dem sauberen Pinsel überstreichen, bis der Farbübergang fließend ist. Dann alles gut trocknen lassen, eventuell mit einem Föhn. Gesichter mit unverdünnten Farben aufmalen. Dünne Linien mit einem dünnen Pinsel oder mit einem Bastelspieß, der in die Farbe getaucht wird, aufzeichnen.